FINNISH ENGLISH

VISUAL DICTIONARY

Tuomas Kilpi

OPPIAN

Kustantaja: Oppian
Helsinki, 2020
ISBN 978-951-877-153-4

Sisällysluettelo • Table of Contents

haarukka
fork
veitsi
knife
lautanen
plate
lusikka
spoon
kattila
pot
lasi
glass

paistinpannu
frying pan

muki
mug

teekannu
teapot

siivilä
strainer

lasta
spatula

papuja
beans

riisiä
rice

taateli
date

peruna
potato

teetä
tea
kahvia
coffee
omena
apple
päärynä
pear
banaani
banana

porkkana
carrot

bataatti
sweet potato

valkosipuli
garlic

sipuli
onion

ananas
pineapple

mansikka
strawberry

appelsiini
orange

kookospähkinä
coconut

sitruuna
lemon

kiivi
kiwi fruit

tomaatti
tomato

kurkku
cucumber

vadelma
raspberry

viinirypäleitä
grapes

aprikoosi
apricot

papaija
papaya

meloni
melon

luumu
plum

mango
mango

vesimeloni
watermelon

munakoiso
aubergine

viikuna
fig

chili
chili

kukkakaali
cauliflower

turnipsi
turnip

kaali
cabbage

purjo
leek

sieni
mushroom

salaatti
lettuce

suola
salt

jauho
flour

sokeri
sugar

ruokaöljy
cooking oil

margariini
margarine

maito
milk

juusto
cheese

leipä
bread

pasta
pasta

keksi
cookie

jäätelö
ice cream

suklaa
chocolate

hampurilainen
hamburger

voileipä
sandwich

makeinen
candy

pizza
pizza

mies
man

nainen
woman

tyttö
girl

poika
boy

takki
coat

housut
pants

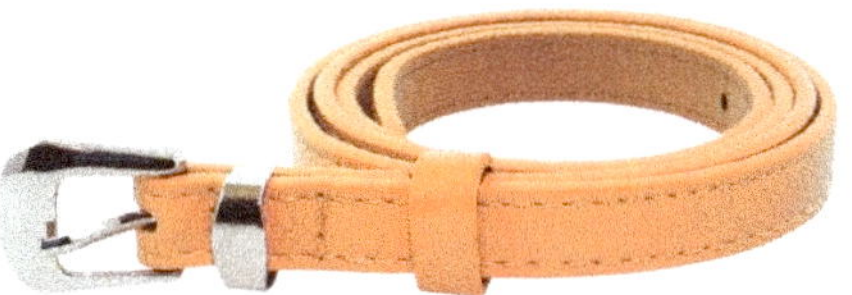

vyö
belt

sukat
socks

kengät
shoes

paita
shirt

hame
skirt

huivi
scarf

saappaat
boots

hattu
hat

lammas
lamb

lehmä
cow

kala
fish

kissa
cat

sika
pig

koira
dog

kana
chicken

muna
egg

jänis
hare

karhu
bear

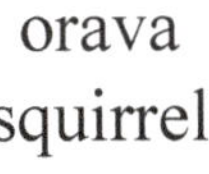

orava
squirrel

rotta
rat

susi
wolf

kettu
fox

hirvi
moose

käärme
snake

etana
snail

hämähäkki
spider

sammakko
frog

ampiainen
wasp

mehiläinen
bee

kärpänen
fly

hyttynen
mosquito

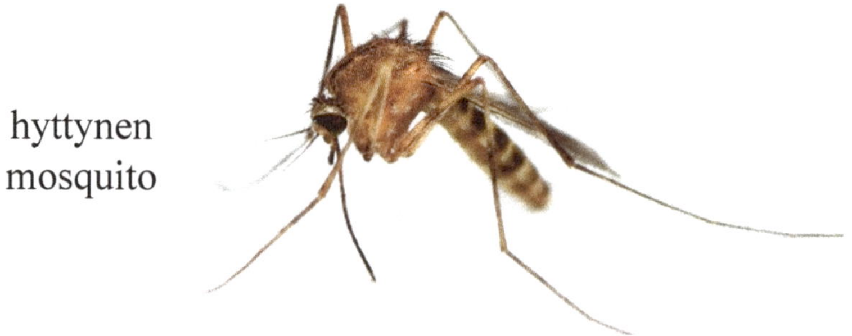

kylpyhuone
bathroom

keittiö
kitchen

makuuhuone
bedroom

olohuone
living room
बैठक कक्ष

katto
ceiling

ikkuna
window

seinä
wall

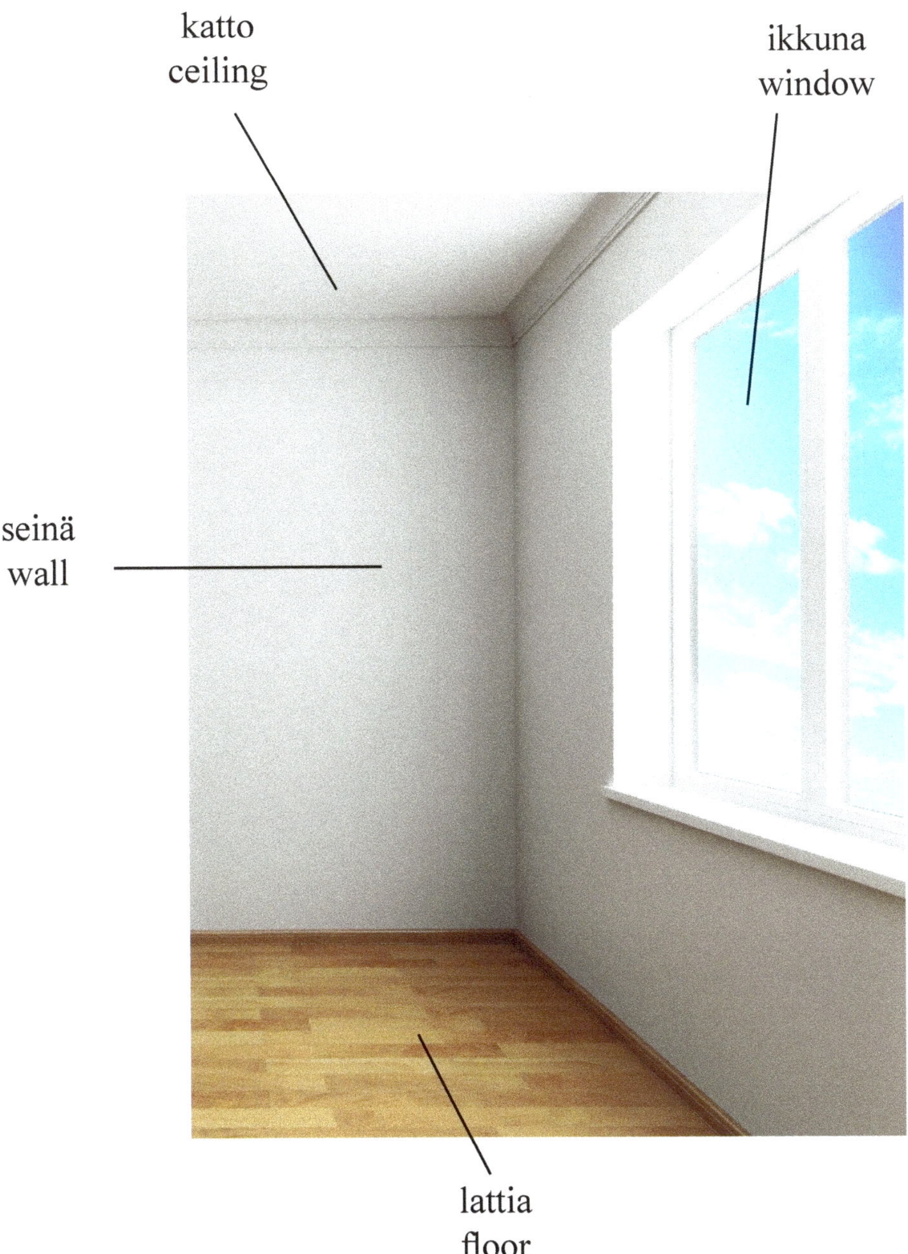

lattia
floor

sänky
bed

tyyny
pillow

lakana
bedsheet

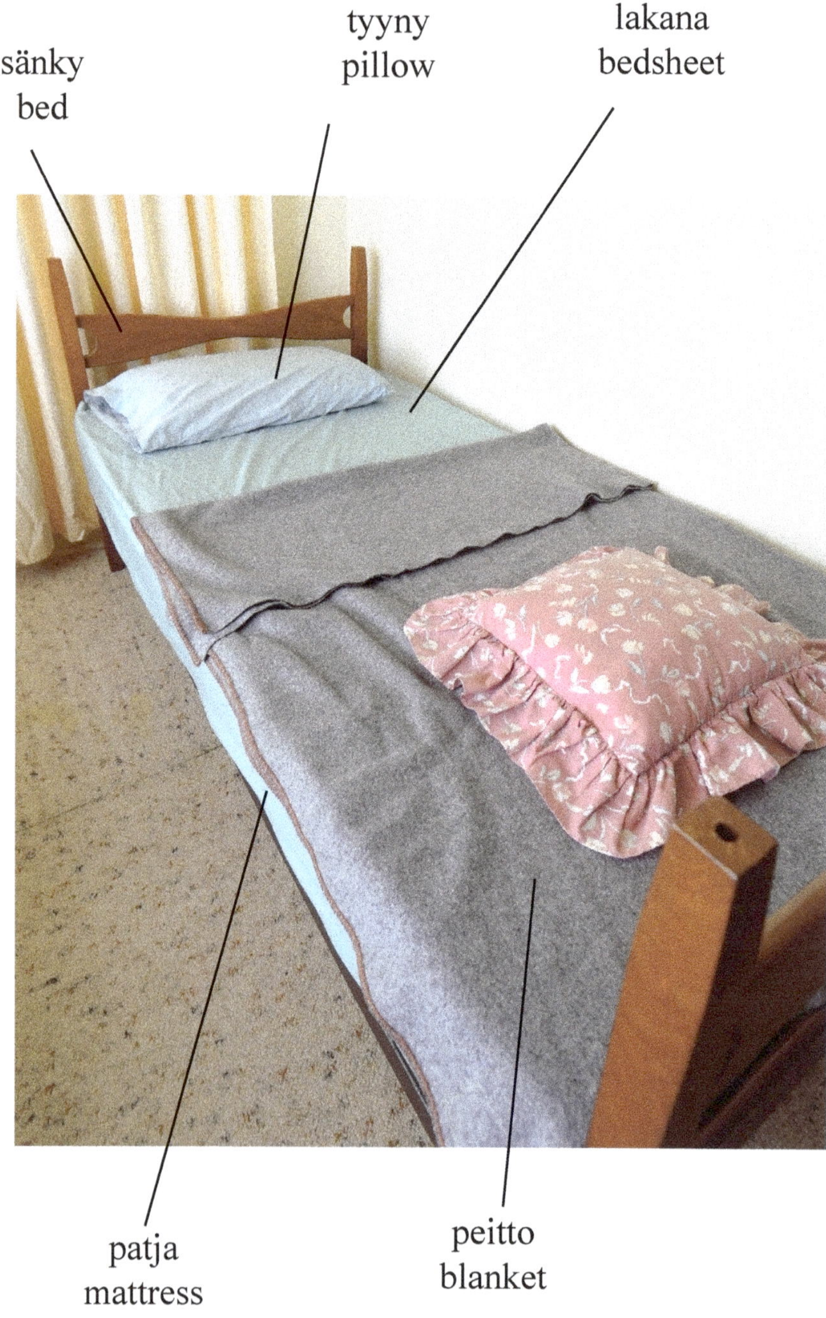

patja
mattress

peitto
blanket

matto
rug

sateenvarjo
umbrella

lamppu
lamp

pöytä
table

tuoli
chair

sakset
scissors

kirjekuori
envelope

teippi
tape

paketti
parcel

postimerkki
stamp

saippua
soap

wc-paperi
toilet paper

hammasharja
toothbrush

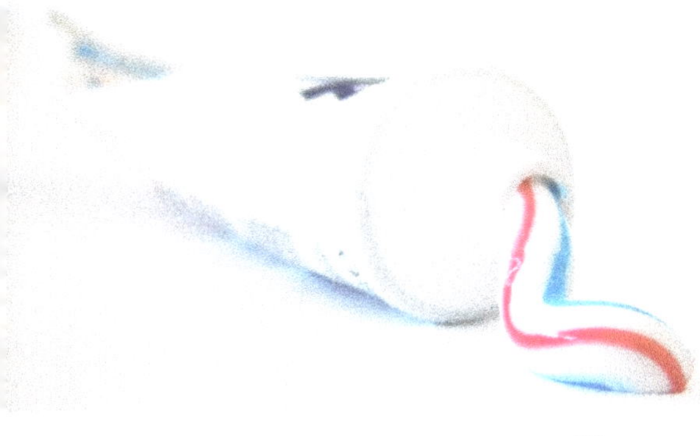

hammastahna
toothpaste

harja
brush

kampa
comb

hammaslanka
dental floss

deodorantti
deodorant

vaaka
scale

parranajokone
electric razor

televisio
television

kaukosäädin
remote control

hiiri
mouse

tietokone
computer

muistitikku
memory stick

tulostin
printer

laturi
charger

puhelin
phone

liesi
stove

satelliittiantenni
satellite dish

kuulokkeet
headphones

radio
radio

kirja
book

taskulamppu
flashlight

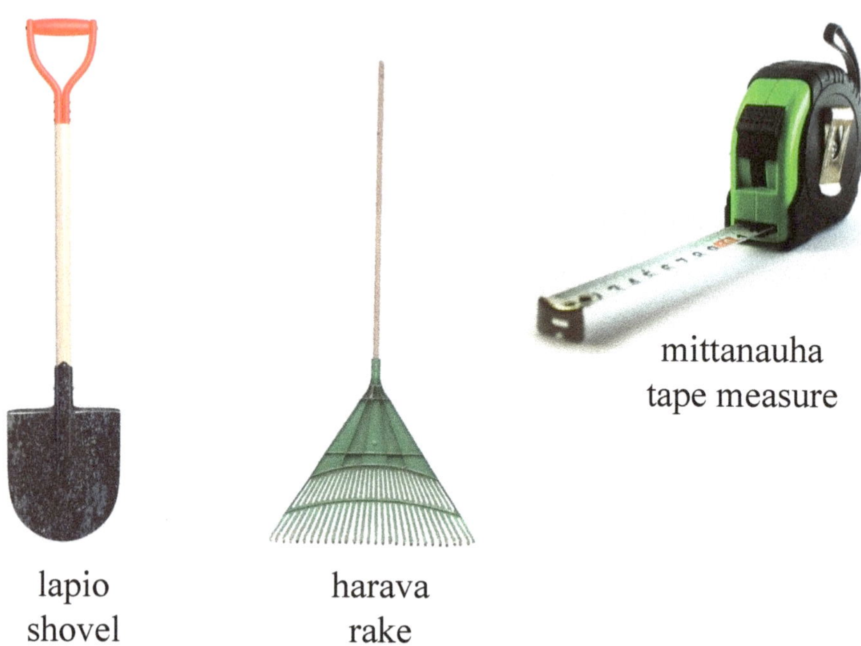

mittanauha
tape measure

lapio
shovel

harava
rake

pihdit
pliers

saha
saw

purkki
jar

pullo
bottle

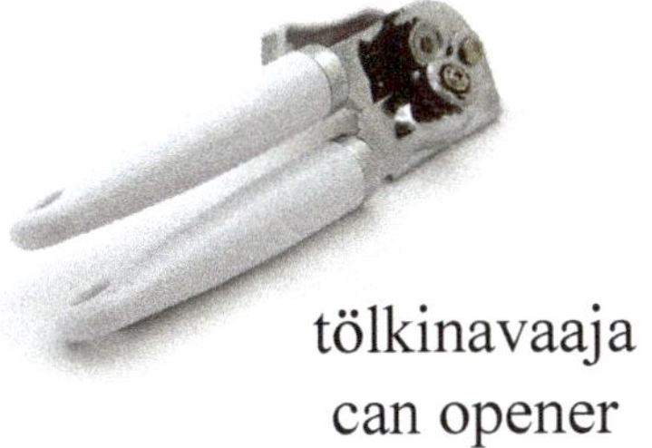

tölkinavaaja
can opener

pullonavaaja
bottle opener

säilyketölkki
tin can

lanka
thread

neula
needle

jääkaappi
refigerator

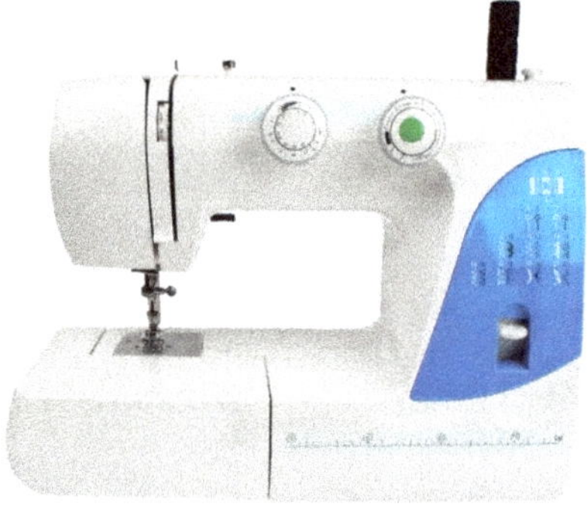

pyykkipoika
clothes peg

ompelukone
sewing machine

mikroaaltouuni
microwave oven

laskin
calculator

avain
key

silmälasit
eyeglasses

porakone
electric drill

ruuvimeisseli
screwdriver

ruuvi
screw

naula
nail

vasara
hammer

jakoavain
wrench

luottokortti
credit card

lompakko
wallet

seteli
banknote

kolikko
coin

06:30 Helsinki - 12:57 Oulu Pendolino 241 , Pääteasema: Oulu	Palvelut 🐕 ♿ Ekstra 🍴 ♨ 🚻
⌄ **07:30 14:40** 07:10	InterCity
⌄ **09:30 16:05** 06:35	Pendolino
⌄ **10:06 17:53** 07:47	InterCity
⌄ **11:12 20:20** 09:08	2 vaihtoa: InterCity › InterCity › .
⌄ **13:06 20:27** 07:21	InterCity
⌄ **14:06 22:08** 08:02	1 vaihto, InterCity › Pendolino
⌄ **15:30 22:08** 06:38	Pendolino
⌄ **16:06 23:52** 07:46	InterCity
⌄ **18:30 01:17** 06:47	Pendolino

aikataulu
timetable

passi
passport

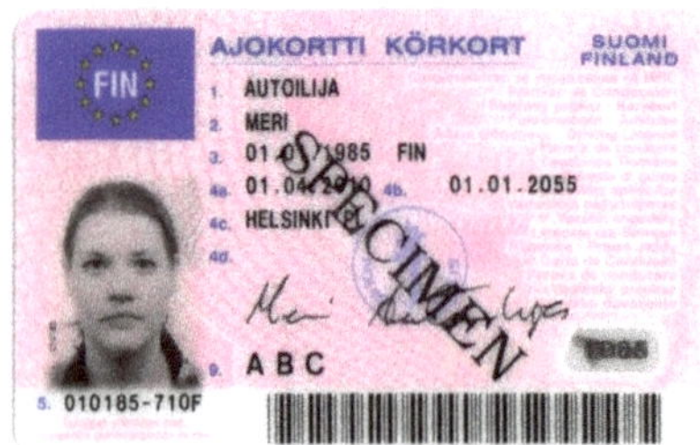

ajokortti
driving licence

sormenjälki
fingerprint

viulu
violin

saksofoni
saxophone

rumpu
drum

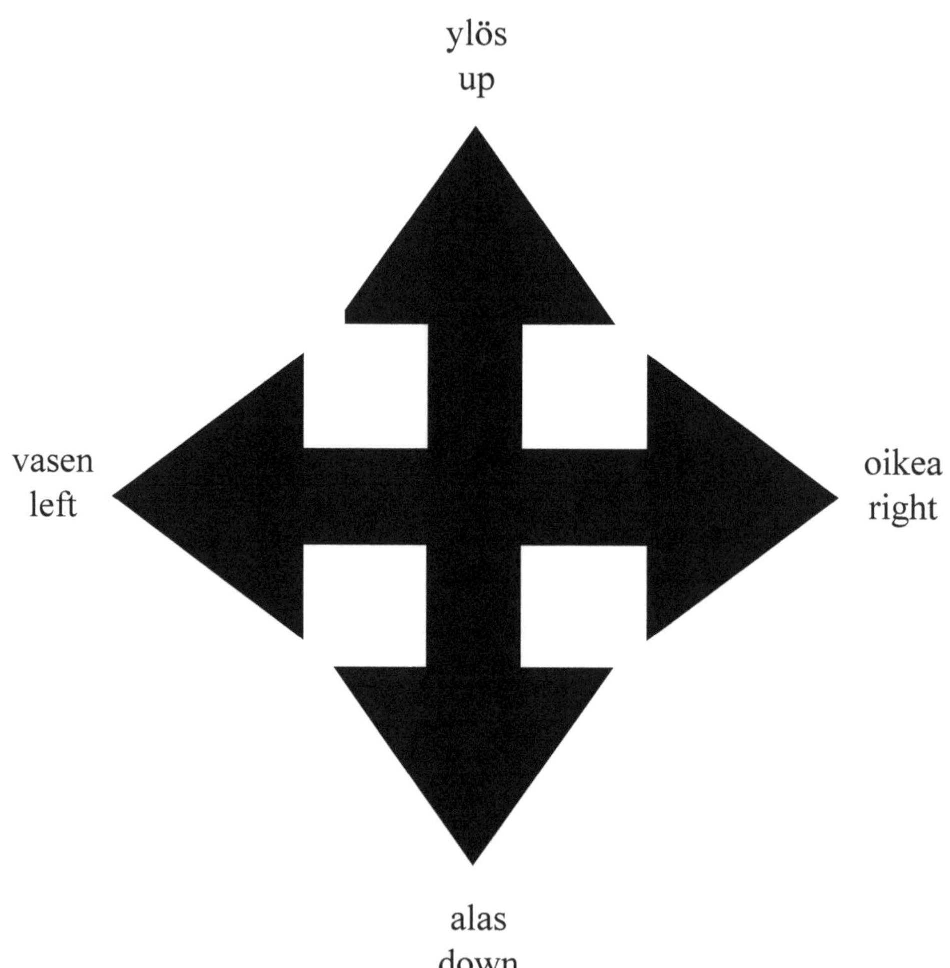

ylös
up
vasen
left
oikea
right
alas
down

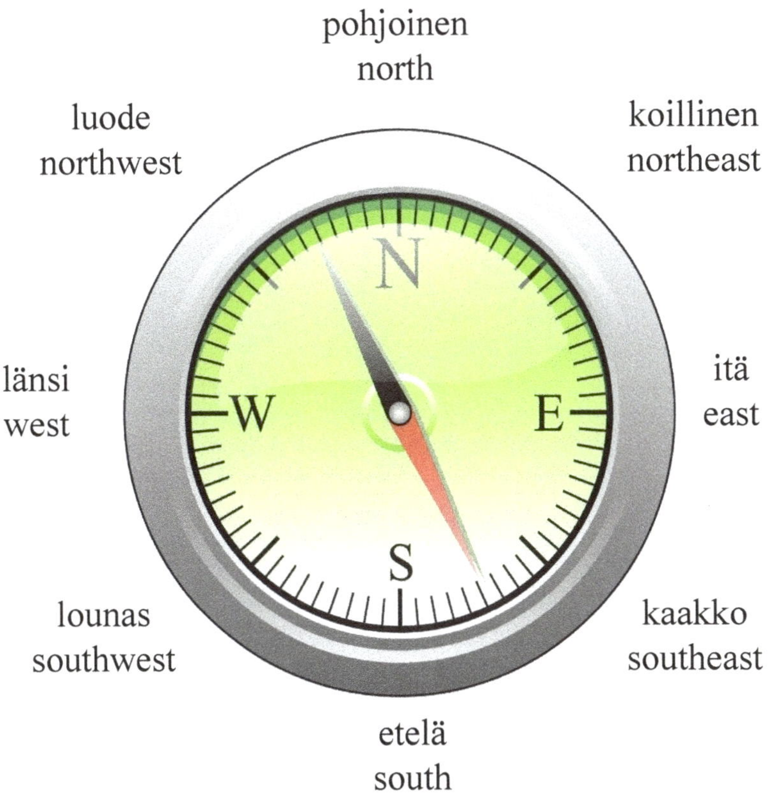

pohjoinen
north
luode
northwest
koillinen
northeast
länsi
west
itä
east
lounas
southwest
kaakko
southeast
etelä
south
N
W
E
S

olkalaukku
shoulder bag

salkku
briefcase

muovikassi
plastic bag

reppu
backpack

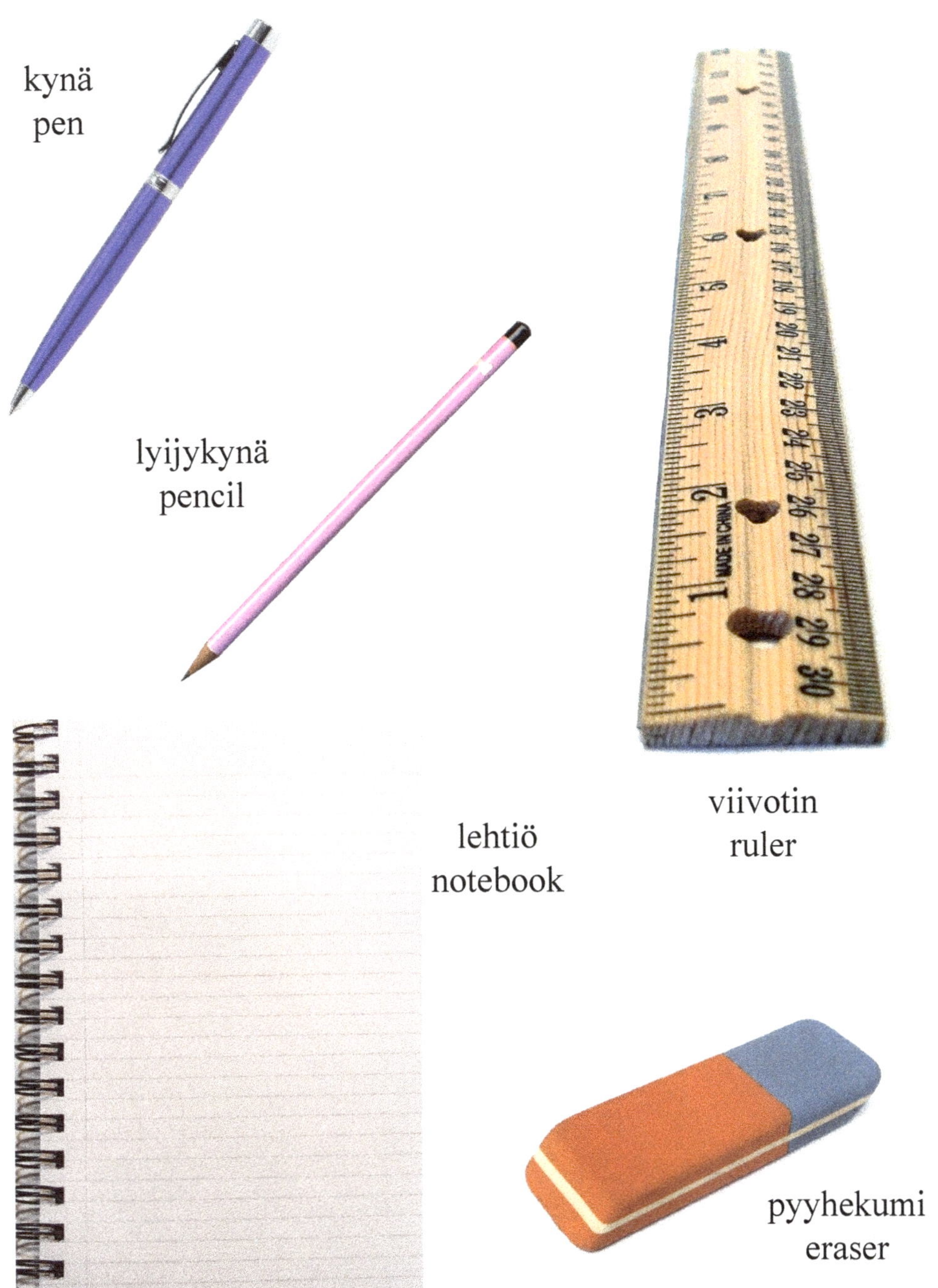

kynä
pen
lyijykynä
pencil
viivotin
ruler
lehtiö
notebook
pyyhekumi
eraser

auto
car

bussi
bus

pakettiauto
van

juna
train

raitiovaunu
tram

moottoripyörä
motorcycle

polkupyörä
bicycle

lentokone
airplane

skootteri
scooter

laiva
ship

helikopteri
helicopter

kuorma-auto
truck

liikennevalot
traffic lights

liikennemerkki
traffic sign

suojatie
zebra crossing

huoltoasema
gas station

bussipysäkki
bus stop

pölynimuri
vacuum cleaner

astianpesukone
dishwasher

moppi
mop

silitysrauta
smoothing iron

silityslauta
ironing board

pesukone
washing machine

tiskiharja
dish brush

puhdistussieni
cleaning sponge

puhdistusliina
cleaning cloth

kihveli
dusting pan

harja
broom

suihkupullo
spray bottle

ämpäri
bucket

vauvansänky
cot

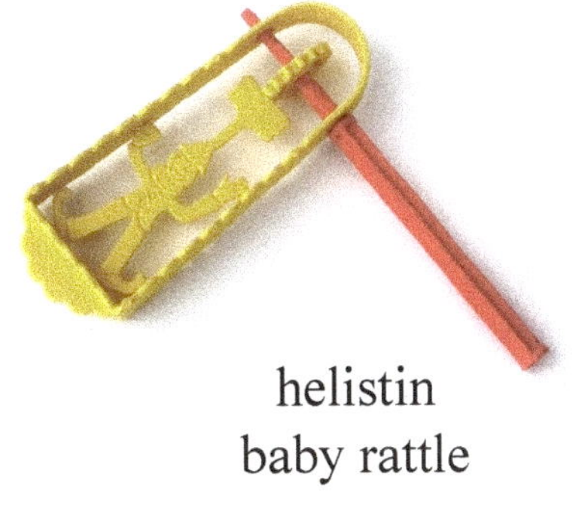

helistin
baby rattle

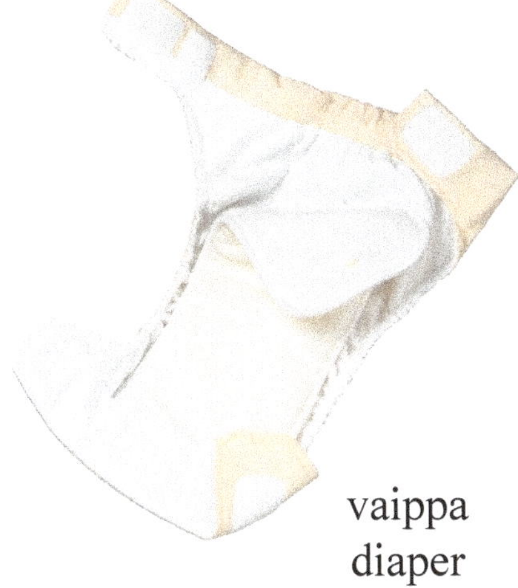

vaippa
diaper

tutti
pacifier

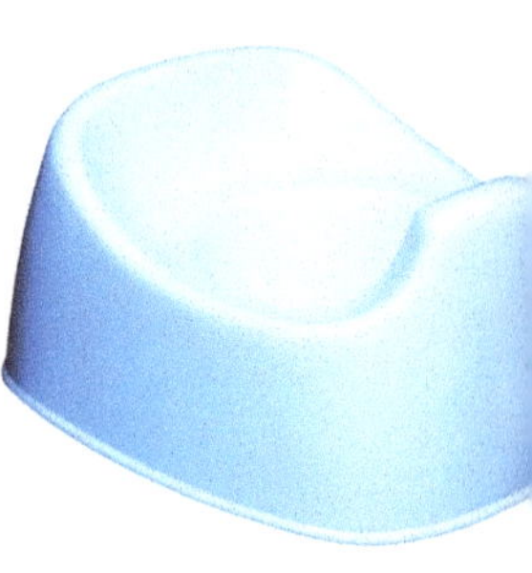

potta
potty

lastenvaunut
pram

tuttipullo
baby bottle

nukke
doll

jalkapallo
football

noppa
dice

leija
kite

pelikonsoli
game console

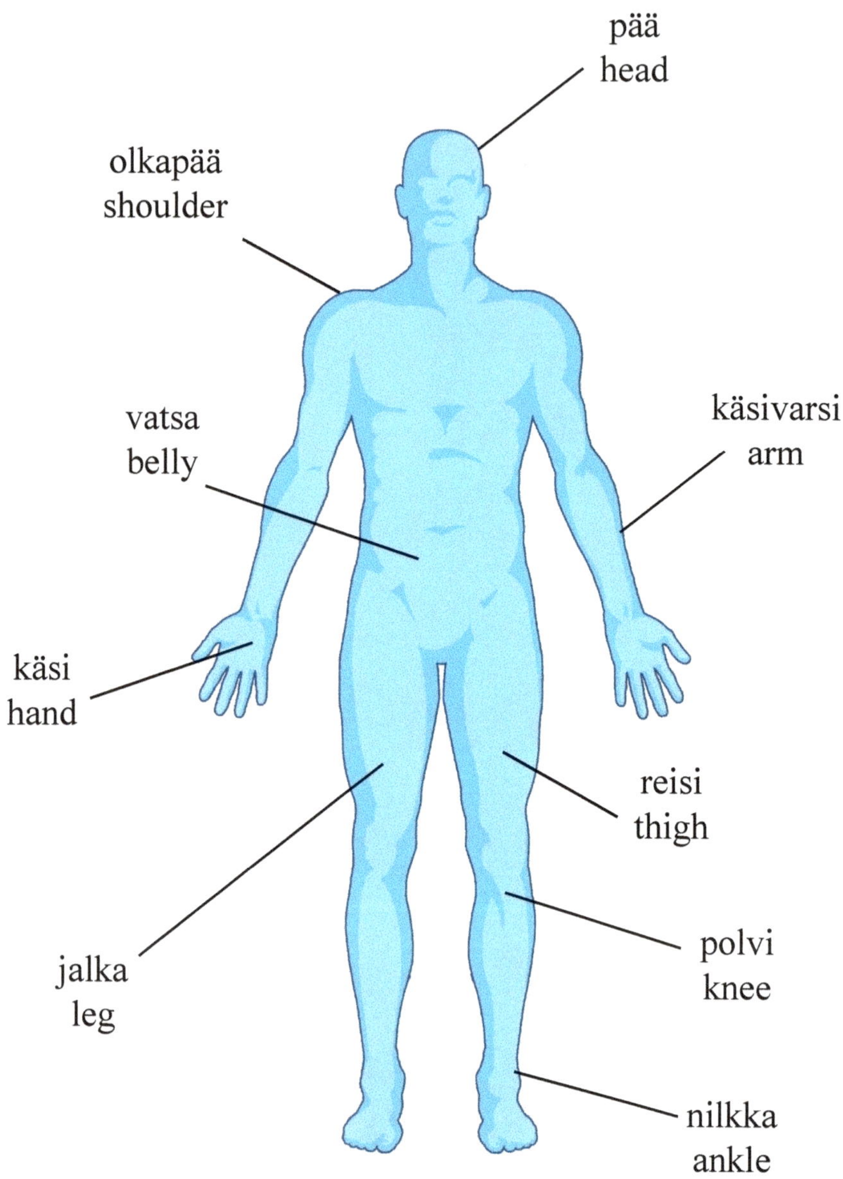

pää
head
olkapää
shoulder
käsivarsi
arm
vatsa
belly
käsi
hand
reisi
thigh
jalka
leg
polvi
knee
nilkka
ankle

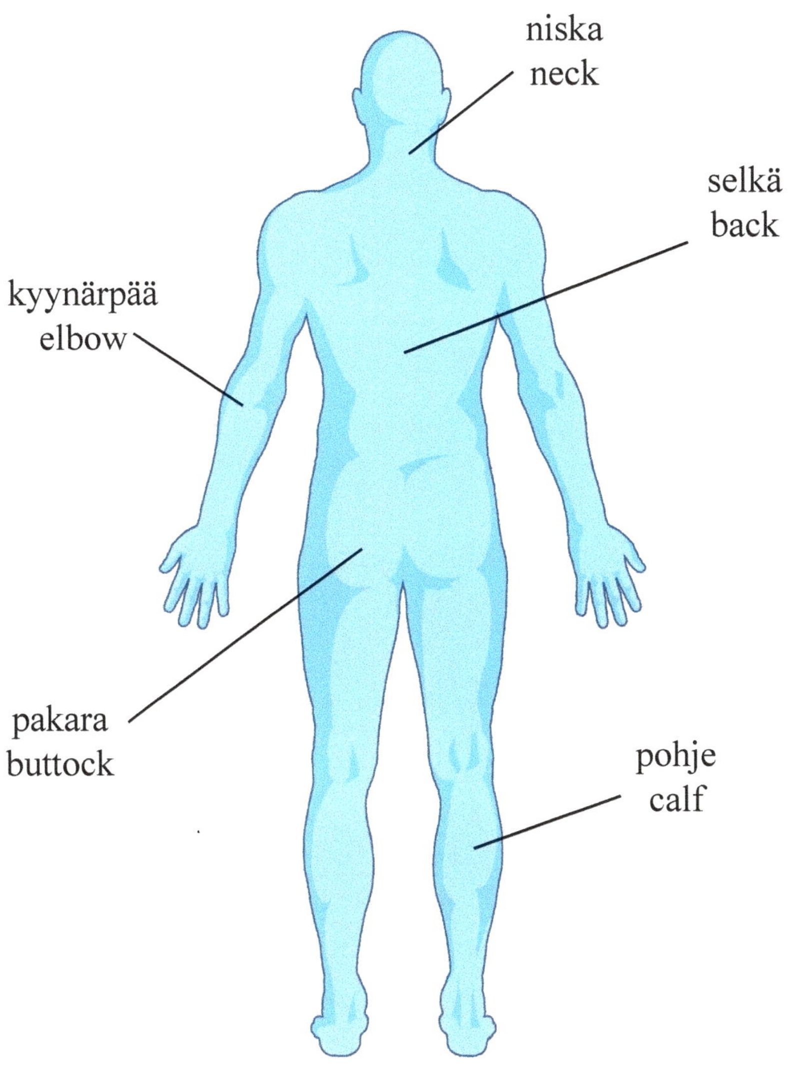

niska
neck
selkä
back
kyynärpää
elbow
pakara
buttock
pohje
calf

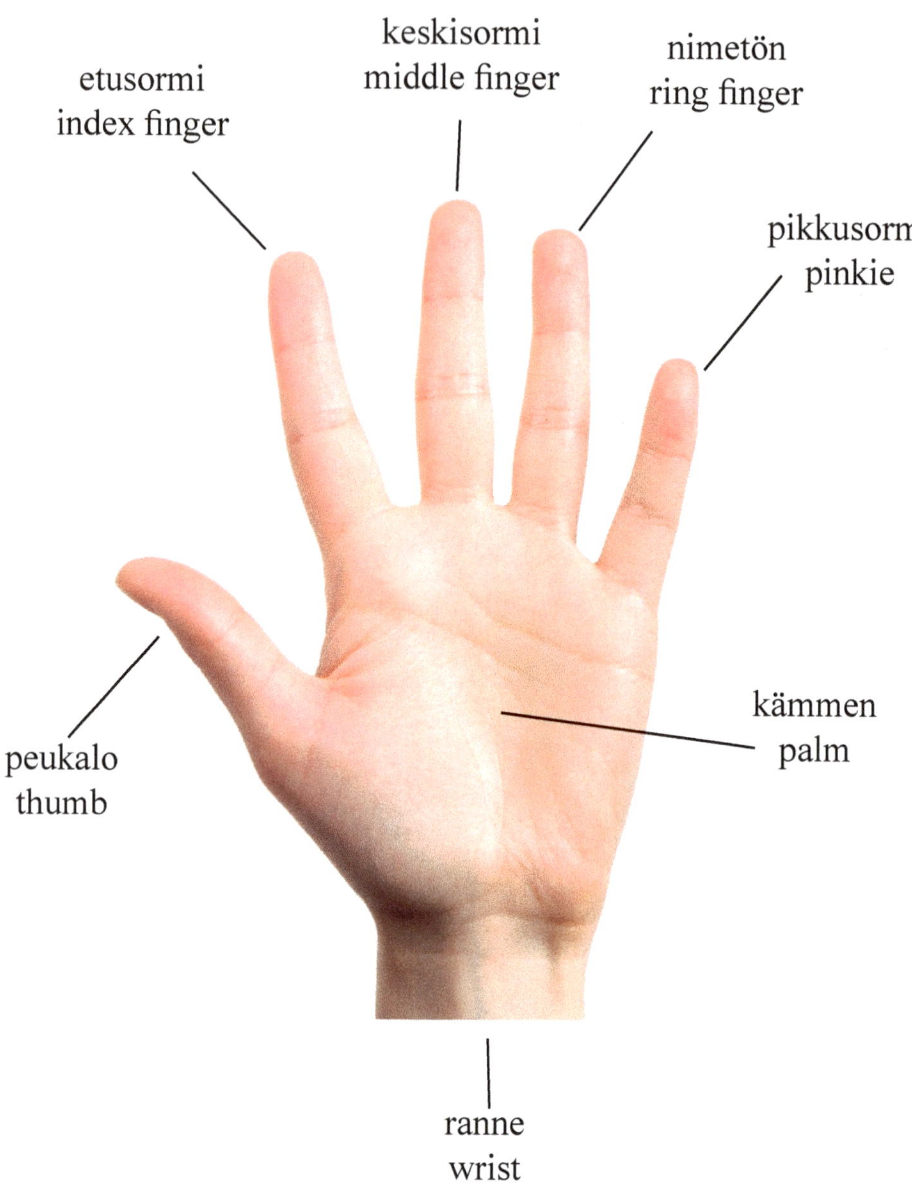
keskisormi
middle finger
nimetön
ring finger
etusormi
index finger
pikkusorm
pinkie
kämmen
palm
peukalo
thumb
ranne
wrist

hiukset
hair

otsa
forehead

silmä
eye

korva
ear

nenä
nose

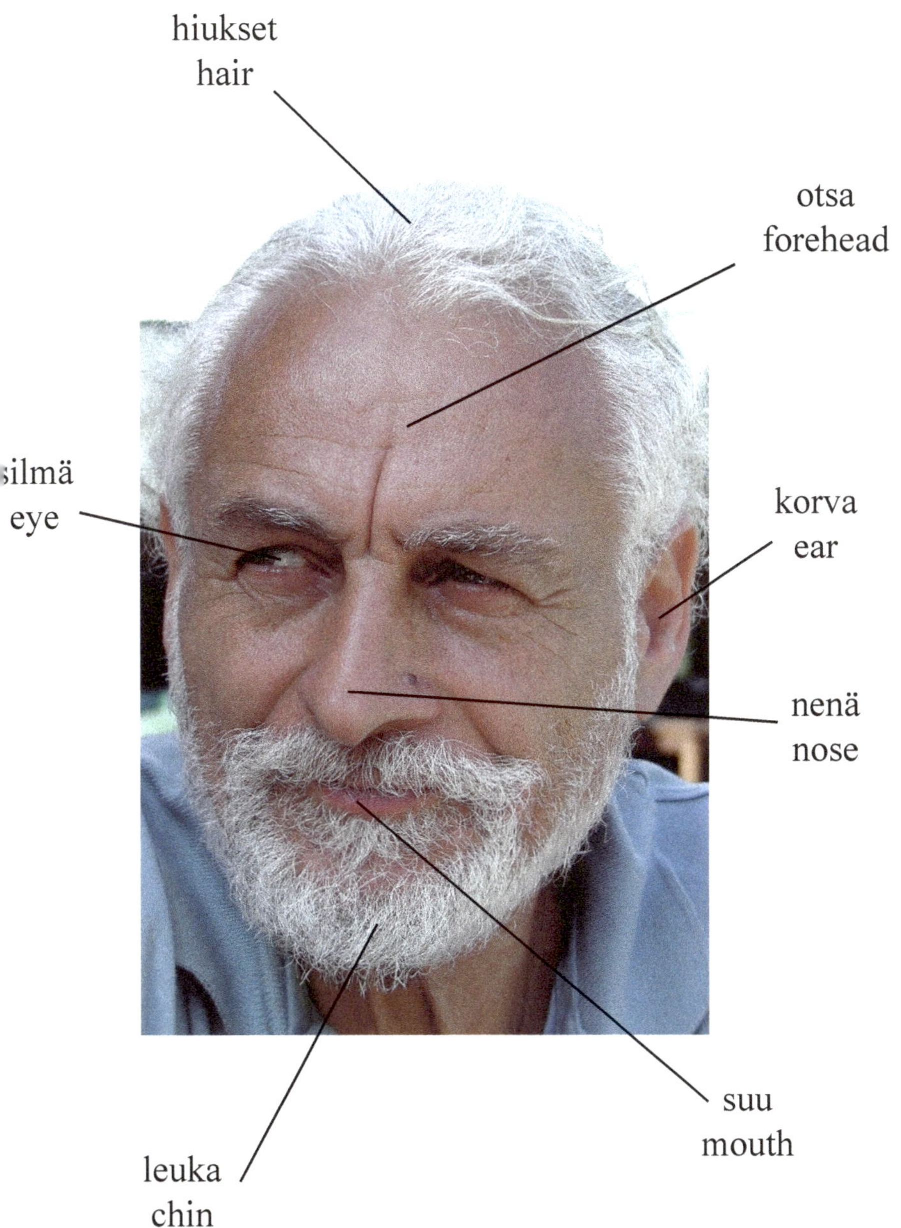

suu
mouth

leuka
chin

apteekki
pharmacy

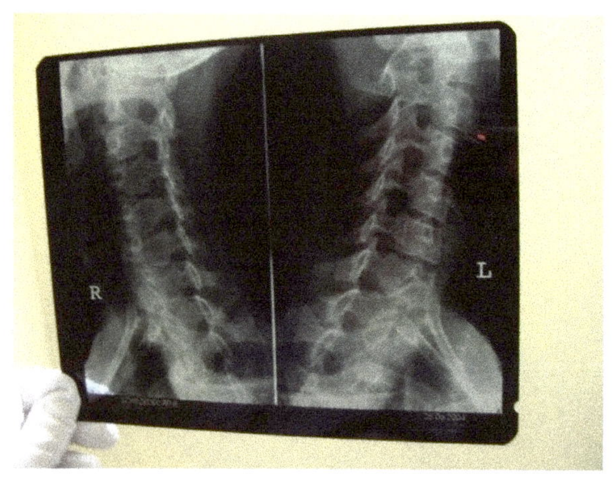

röntgenkuva
x-ray image

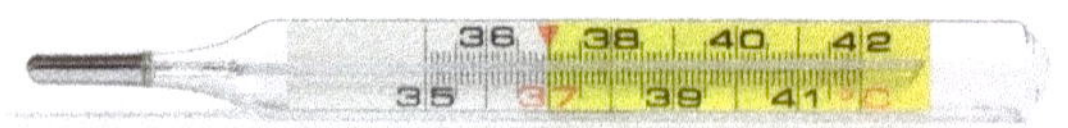

kuumemittari
thermometer

ambulanssi
ambulance

ruisku
syringe

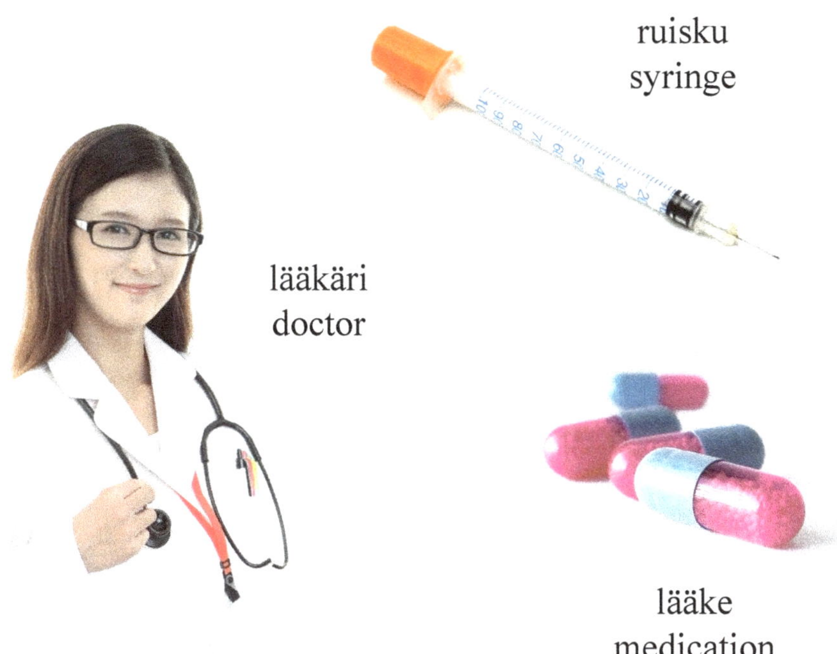

lääkäri
doctor

lääke
medication

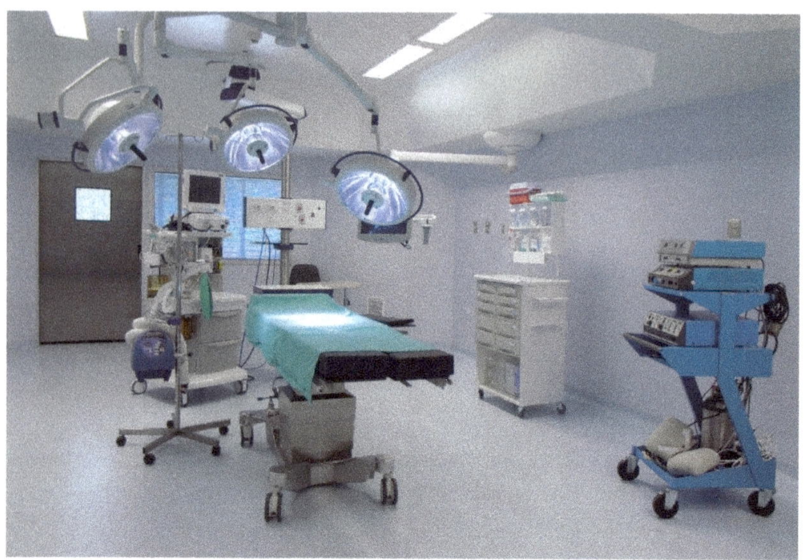

leikkaussali
operating room

hammaslääkäri
dentist

potilas
patient

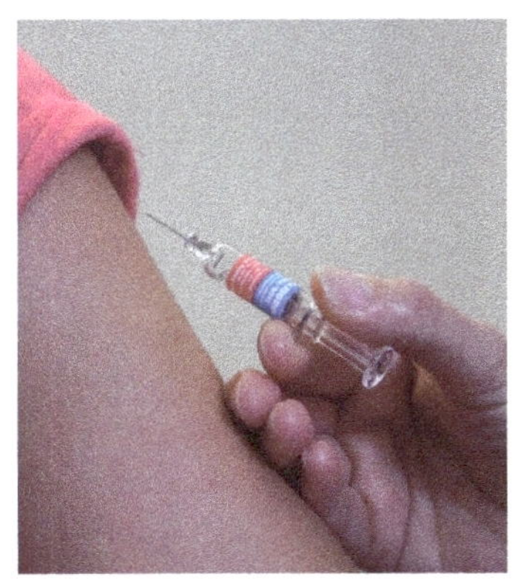

rokotus
vaccination

sairaala
hospital

laastari
band aid

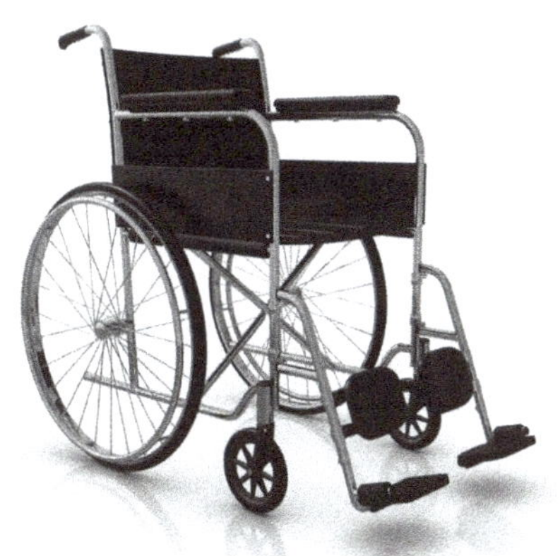

pyörätuoli
wheelchair

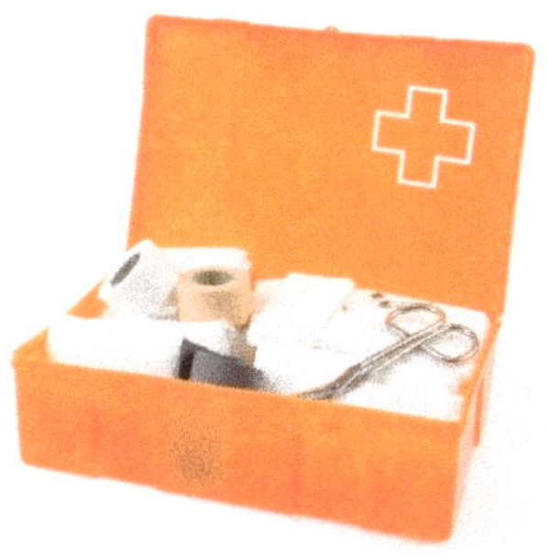

ensiapupakkaus
first aid kit

syödä
to eat

juoda
to drink

kävellä
to walk

istua
to sit

puhua
to talk

nauraa
to laugh

kantaa
to carry

seistä
to stand

hymyillä
to smile

siivota
to clean

laittaa ruokaa
to cook

niistää
to sneeze

itkeä
to cry

halata
to hug

nukkua
to sleep

hypätä
to jump

juosta
to run

uida
to swim

lukea
to read

opettaa
to teach

leikkiä
to play

kirjoittaa
to write

neliö
square

kolmio
triangle

suorakaide
rectangle

ympyrä
circle

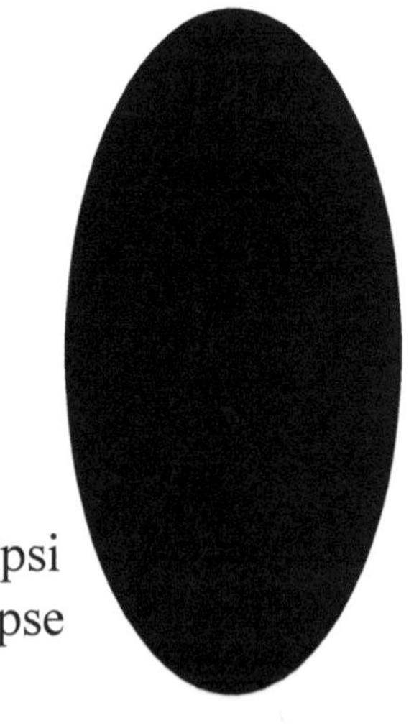

ellipsi
ellipse

musta
black

sininen
blue

keltainen
yellow

valkoinen
white

vihreä
green

harmaa
gray

punainen
red

ruskea
brown

iloinen
happy

vihainen
angry

epävarma
uncertain

yllättynyt
surprised

hämmentynyt
confused

kannustava
supportive

mietteliäs
thoughtful

epäilevä
doubtful

suuri
big

pieni
small

nopea
fast

hidas
slow

hyvä
good

huono
bad

kevyt
light

painava
heavy

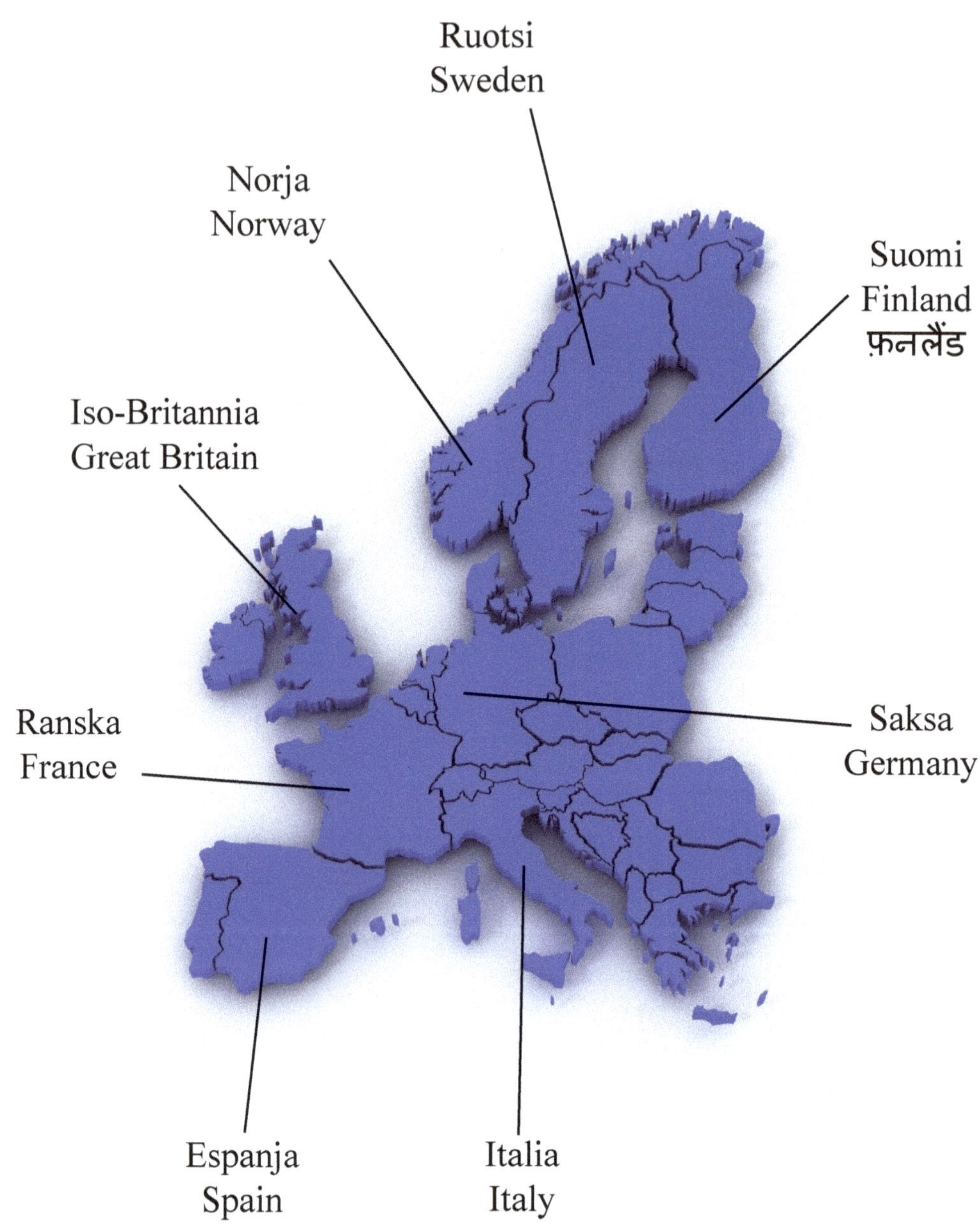

Ruotsi
Sweden
Norja
Norway
Suomi
Finland
फ़नलैंड
Iso-Britannia
Great Britain
Ranska
France
Saksa
Germany
Espanja
Spain
Italia
Italy

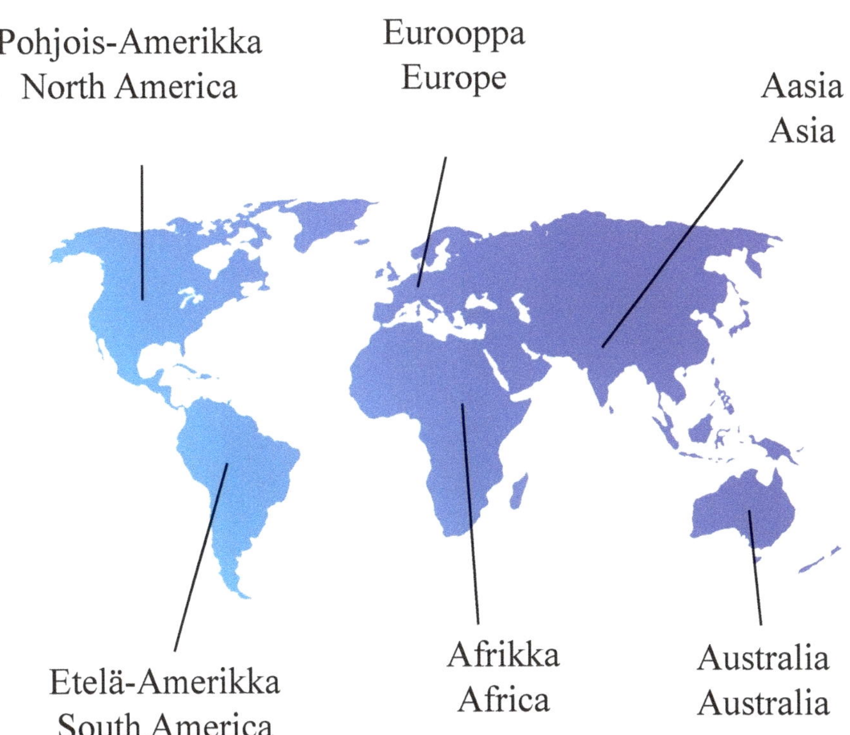

Pohjois-Amerikka
North America
Eurooppa
Europe
Aasia
Asia
Etelä-Amerikka
South America
Afrikka
Africa
Australia
Australia

kevät
spring

kesä
summer

syksy
autumn

talvi
winter

kampaaja
hairdresser

floristi
florist

siivooja
cleaner

kokki
chef

tarjoilija
waitress

muusikko
musician
kitara
guitar
kaiutin
loudspeaker

mikrofoni
microphone

toimittaja
reporter

opettaja
teacher